초등학생이 가장 궁금해하는

수수께끼 사회 상식 100

초등학생이 가장 궁금해하는 수수께끼 사회 상식 100

2022년 7월 25일 초판 1쇄 발행

원작/ 몬스터스튜디오
글/ 조영경

발행인/ 정동훈
편집인/ 여영아
편집/ 김지현, 김학림, 김상범
미술/ 김환겸, 장현순
제작/ 김종훈
발행처/ (주)학산문화사
등록/ 1995년 7월 1일 제3-632호
주소/ 서울시 동작구 상도로 282
전화/ (편집)828-8873, 8823 (주문)828-8962
팩스/ 823-5109
http://www.haksanpub.co.kr

ISBN 979-11-6876-987-8 73300

Copyright ⓒMonster Studio. All Rights Reserved.
본 상품은 ㈜몬스터스튜디오의 라이선스 상품화 계약에 따라
허가 받은 정식 제품으로, 본 제품 및 캐릭터의 무단 복제를 금합니다.

※ KC마크는 이 제품이 공통안전기준에 적합하였음을 의미합니다.
※ 이 책은 저작권법에 따라 한국 내에서 보호받는 저작물이므로 무단 전재와 무단 복제를 금합니다.
　 이 책의 전부 또는 일부를 이용하려면 반드시 저작권자와 출판사의 동의를 받아야 합니다.
※ 잘못된 책은 바꾸어 드립니다.

초등학생이 가장 궁금해하는
수수께끼 사회 상식 100

원작 몬스터스튜디오 글 조영경

(주)학산문화사

등장인물

브레드

베이커리타운 최고의 천재 이발사로
돈만 밝히는 것 같지만, 사회 상식이 풍부하고
남을 몰래 챙겨 주는 따뜻한 감성의 소유자예요.

월크

브레드의 사고뭉치 조수로 자주 덤벙대고
제대로 할 줄 아는 게 없지만, 이발과 사회 공부에
열정이 넘쳐 미워할 수 없는 캐릭터예요.

초코

브레드이발소에서 계산을 담당하지만
일에는 별로 관심이….
야근을 싫어하고 월급을 밀리는 건
더 싫어해요.

소시지

브레드와 월크의 반려견으로
생각이 깊고 똑똑해요.
유기견으로 고생을 많이 해서
눈치가 빠르고 사회생활을 잘해요.

치즈

카망베르 치즈 가문의 장남답게
몸에서 지독한 고린내가 나요.
윌크와 친하게 되면서 자신감을 되찾았어요.

감자칩

감자칩 미용실의 사장이자
브레드의 경쟁자예요.
브레드이발소를 이기기 위해
온갖 비열한 방법을 다 사용하고 있어요.

버터

베이커리타운 최고의 꽃미남 배우로
세계적으로 인기를 끌고 있는 한류 스타예요.
하지만 연기는 그닥….

케이크 여왕

베이커리타운을 다스리는 여왕이에요.
화를 자주 내며 마음에 들지 않는 빵들은
모두 지하 감옥으로 보내 버려요.

차례

1. 우리나라에서 가장 높은 사람이 누구예요? · 8
2. 군대는 꼭 가야 하나요? · 9
3. 공산주의는 민주주의의 반대예요? · 10
4. 정상 회담을 할 때는 영어로 해요? · 11
5. 국민동의청원은 아무나 할 수 있나요? · 12
6. 대통령은 얼마 동안 할 수 있어요? · 13
7. 우리나라와 미국은 왜 대통령 뽑는 방법이 달라요? · 14
8. 왜 어느 나라는 대통령이 있고, 어느 나라는 왕이나 총리가 있어요? · 15
9. 우리 부모님도 대통령 후보가 될 수 있나요? · 16
10. 여당 야당이 뭐예요? · 17
11. 왜 정당은 여러 개예요? · 18
12. 북한에도 국회나 정당이 있나요? · 19
13. 정당은 무슨 일을 해요? · 20
14. 파업은 왜 해요? · 21
15. 정부는 누가 감시해요? · 22
16. 왜 투표는 수요일에 해요? · 23
17. 어떻게 투표가 끝나자마자 당선될 사람을 알아요? · 24
18. 돈이 없으면 선거 운동도 못해요? · 25
19. 투표에서 표가 똑같이 나오면 어떻게 해요? · 26
20. 선거에서 당선되지 않고도 국회 의원이 될 수 있어요? · 27
21. 온라인으로도 투표할 수 있나요? · 28
22. 선거일에 투표를 못 하면 어떻게 해요? · 29
23. 국회 의원은 무슨 일을 해요? · 30
24. 국회 의원은 정당을 바꿀 수도 있나요? · 31
25. 국회 의원은 국회로 매일 출근하지 않나요? · 32
26. 왜 시위를 하는 거예요? · 33
27. 꼭 정치에 관심을 가져야 해요? · 34
28. 모두 착해지면 법이 없어도 살 수 있지 않나요? · 35
29. 나도 법을 만들 수 있나요? · 36
30. 내가 학교에 안 가면 부모님이 벌을 받아요? · 37
31. 왜 나는 사이트에 가입할 수 없어요? · 38
32. 친척끼리는 왜 결혼할 수 없어요? · 39
33. 청소년은 절대로 감옥에 안 가죠? · 40
34. 우리나라를 왜 대한민국이라고 해요? · 41
35. 한국인이면서 미국인일 수도 있어요? · 42
36. 외국인도 공무원이 될 수 있나요? · 43
37. 재판은 왜 여러 번 해요? · 44
38. 민사 재판은 뭐고 형사 재판은 뭐예요? · 45
39. 왜 영장이 없으면 나쁜 사람도 수사를 못 해요? · 46
40. 아이를 자유롭게 내버려 두는 것도 아동 학대예요? · 47
41. 헌법은 늘 옳아요? · 48
42. 대통령도 중간에 그만둘 수 있어요? · 49
43. 물건을 주운 것만으로도 벌을 받을 수 있어요? · 50
44. 바다에서 보물선을 찾으면 내 거죠? · 51
45. 변호사랑 검사는 사이가 안 좋아요? · 52
46. 보통 사람들도 재판에 참여할 수 있어요? · 53
47. 법원은 한 군데가 아니에요? · 54
48. 왜 정부 기관이 세종시에도 있어요? · 55
49. 지도로 땅의 높이를 알 수 있어요? · 56
50. 왜 삼천포로 빠진다고 말해요? · 57

51 집 모양은 왜 다 달라요? · 58	76 왜 대출 이자는 차이가 나요? · 83
52 고속 도로가 있는데 왜 자꾸 철도를 만들어요? · 59	77 에어컨을 왜 겨울에 사요? · 84
53 특산물이 뭐예요? · 60	78 왜 외국인들이 우리나라에서 일해요? · 85
54 우리 땅은 어디까지예요? · 61	79 할아버지는 왜 일을 안 해도 돈을 받아요? · 86
55 팔도의 이름은 어떻게 정해졌나요? · 62	80 산지 직송이 뭐예요? · 87
56 명당은 왜 명당이에요? · 63	81 복권에 당첨된 것인데 왜 세금을 내요? · 88
57 고령화가 왜 문제예요? · 64	82 세금이 부족하면 어떻게 해요? · 89
58 여의도 음식점은 왜 일요일에 문을 닫아요? · 65	83 대통령은 누구한테 월급을 받아요? · 90
59 한강은 어디에서 시작돼요? · 66	84 왜 집값은 다 달라요? · 91
60 산에도 논이 있어요? · 67	85 우리나라 회사 물건을 왜 중국에서 만들어요? · 92
61 독도가 왜 중요해요? · 68	86 착한 초콜릿은 어떤 거예요? · 93
62 공장은 왜 바닷가에 많아요? · 69	87 '한강의 기적'이 뭐예요? · 94
63 땅을 새로 만들기도 해요? · 70	88 인터넷 쇼핑으로 물건을 사면 왜 더 싸요? · 95
64 장마는 왜 여름에 생겨요? · 71	89 비정규직이랑 정규직이랑 뭐가 달라요? · 96
65 왜 대구를 대프리카라고 해요? · 72	90 마트 시식 코너가 많으면 손해 아니에요? · 97
66 지진이 아닌데도 땅이 움직인다고요? · 73	91 전기 요금 폭탄은 왜 생기는 거예요? · 98
67 38선과 휴전선은 같은 거 아니에요? · 74	92 같은 물건을 파는 가게는 왜 모여 있나요? · 99
68 서울에 쓰레기 매립 섬이 있었다고요? · 75	93 왜 일을 나눠서 해요? · 100
69 러시아는 시차가 11시간이나 된다고요? · 76	94 돈 내지 않아도 물건을 가질 수 있나요? · 101
70 바다가 육지보다 얼마나 더 넓어요? · 77	95 치킨을 먹는 게 이익일까요, 랍스터를 먹는 게 이익일까요? · 102
71 왜 재난 지원 금액이 달라요? · 78	96 한국은행에는 저금을 못해요? · 103
72 돈이 없으면 만들면 되는 거 아니에요? · 79	97 눈에 보이지 않는 돈도 있나요? · 104
73 놀이동산이나 패밀리 레스토랑은 왜 카드 할인을 해 줘요? · 80	98 은행에서는 저금만 하는 게 아니에요? · 105
74 물건값은 왜 오르락내리락하나요? · 81	99 유럽은 왜 돈이 똑같아요? · 106
75 은행은 무슨 돈으로 이자를 주는 거예요? · 82	100 왜 각 나라마다 햄버거값을 조사하나요? · 107

1 우리나라에서 가장 높은 사람이 누구예요?

우리나라 헌법 제1조 제2항은 '대한민국의 주권은 국민에게 있고, 모든 권력은 국민으로부터 나온다'고 되어 있어요. '주권'은 국민이 한 나라의 주인으로서 나라의 중요한 일을 스스로 결정하는 권리를 말해요. 헌법에서 국민 주권에 대해 분명하게 이야기하고 있다는 것은 국가가 함부로 국민의 권리를 침해할 수 없다는 것을 뜻해요. 따라서 우리나라에서 가장 높은 사람은 국민이라고 할 수 있어요.

군대는 꼭 가야 하나요?

　국민으로서 가지는 권리가 있는 만큼 우리나라 국민은 반드시 해야 하는 의무가 있어요. 국방의 의무, 납세의 의무, 교육의 의무, 근로의 의무를 '4대 의무'라고 해요. 그 외에도 환경 보전의 의무와 공공복리에 적합한 재산권 행사의 의무가 있어요. 국민의 의무는 민주국가 국민이라면 누구라도 당연히 지켜야 해요.

3. 공산주의는 민주주의의 반대예요?

공산주의는 개인의 재산을 인정하지 않아요. 개인의 재산을 인정하는 경제 체제는 자본주의예요. 아마 북한과 같은 공산주의 체제에서는 대부분 독재자가 다스리기 때문에 공산주의를 민주주의의 반대로 착각하기 쉬워요. 공산주의와 반대되는 경제 체제는 자본주의이고, 민주주의와 반대되는 정치적 제도는 독재 체제예요.

정상 회담을 할 때는 영어로 해요?

　정상 회담은 국가 원수들이 만나서 이야기를 하는 자리예요. 이때 각 나라의 정상들은 각 나라의 언어를 사용해요. 인사나 안부 정도는 영어를 사용하기도 하지만, 정상 회담에서는 언어 실력이 아무리 뛰어나더라도 국가 정상은 통역하는 사람을 두고 꼭 자기 나라 언어로 이야기한답니다.

5 국민동의청원은 아무나 할 수 있나요?

　청원은 국민이 국가 기관에 대해 자신의 의견이나 희망을 이야기하는 거예요. 국민동의청원은 국회에 요구하는 것으로 국민동의청원 홈페이지를 통하여 30일 동안 5만 명의 국민의 동의를 받아 제출할 수 있어요.

6 대통령은 얼마 동안 할 수 있어요?

　대통령은 국가를 대표하며 최고 통치권을 가지고 있어요. 또한 군대의 통수권자이자 행정부의 우두머리이기도 하지요. 우리나라 대통령의 임기는 5년이며 한 번만 할 수 있는 '단임제'예요. 군사 정부 시절에 같은 사람이 대통령을 여러 번 하면서 권력을 마구 휘둘러 국민이 권리를 침해받은 적이 있어요. 독재를 막기 위해 헌법에 단임제로 정해 놓았어요.

우리나라와 미국은 왜 대통령 뽑는 방법이 달라요?

　미국은 대통령 후보가 결정되면 국민들이 지지하는 대통령 후보에게 투표를 해요. 그리고 각 주에서 표를 많이 받은 후보에게 '선거인단'이 투표를 하지요. 선거인단 538명 가운데 과반수인 270명의 표를 얻으면 대통령에 당선돼요. 선거인단 수는 각 주마다 다르기 때문에 일반 유권자의 표를 많이 얻었다고 해서 대통령 선거에서 승리하는 것이 아니랍니다.

왜 어느 나라는 대통령이 있고, 어느 나라는 왕이나 총리가 있어요?

    대통령이 중심이 되는 것을 '대통령 중심제'라고 하고 정당이 나라를 이끌어 가는 것을 '의원 내각제'라고 해요. 의원 내각제는 정당의 대표가 최고 권력자인 '총리' 또는 '수상'이 돼요. 의원 내각제는 정책을 결정하기 쉽고 국민의 뜻을 잘 전달할 수 있는 장점이 있어요. 하지만 정당이 멋대로 권력을 휘두를 수 있는 단점도 있어요.

9. 우리 부모님도 대통령 후보가 될 수 있나요?

　대통령 후보는 누구나 될 수 있어요. 물론 몇 가지 조건은 있지요. 우선 우리나라에서 5년 이상 살고 있어야 하고, 나이가 40세가 넘어야 해요. 선거권이 있어야 하고, 불법 선거로 처벌을 받고 있거나 자신의 행동의 옳고 그름을 판단할 능력이 없다고 선고를 받은 '금치산자'는 대통령 후보가 될 수 없어요.

10 여당 야당이 뭐예요?

정당은 정치적으로 뜻이 같은 사람들이 모인 단체예요. 자신들의 뜻에 맞는 정치를 하는 것이 정당의 목적이에요. 그래서 정당에서 내세운 후보를 국회 의원이나 대통령으로 뽑히도록 하지요. 그렇게 대통령을 배출한 정당을 '여당'이라고 해요. 그 외의 당은 '야당'이에요. 따라서 우리나라의 경우 여당은 한 개이고 야당은 여러 개예요.

왜 정당은 여러 개예요?

민주주의 국가의 대부분은 정당이 여러 개예요. 정당이 여러 개면 국민의 생각을 다양하게 전달할 수 있는 장점이 있어요. 하지만 너무 많으면 정당마다 자신들의 주장을 내세우는 탓에 혼란스러울 수도 있지요. 미국이나 영국처럼 정당이 두 개 있는 나라는 신속하게 결론을 내릴 수 있지만 국민의 다양한 생각을 전달하지 못한다는 단점도 있답니다.

북한에도 국회나 정당이 있나요?

　북한은 우리나라의 국회와 같은 '최고 인민 회의'가 있고, 우리나라의 국회 의원처럼 '대의원'이 있어요. 하지만 북한의 정당은 '조선 노동당' 딱 하나뿐이에요. 따라서 최고 인민 회의 대의원을 뽑을 때는 여러 후보 가운데 선택하는 것이 아니라 찬성과 반대를 가릴 뿐이에요. 게다가 투표도 공개 투표이기 때문에 100% 투표에 100% 찬성으로 결정되곤 하지요.

정당은 무슨 일을 해요?

　정당은 국민들의 지지를 얻어 정책을 펼치는 것을 목표로 해요. 그래서 자신들이 내세운 후보들이 선거에서 당선되도록 노력하지요. 또 나라와 국민을 위해 좋은 정책을 개발하고, 국민의 의견을 모아서 정부에 전달하는 일도 해요. 정치인들이 무슨 일을 하는지 국민에게 알리는 일도 정당에서 하는 일이랍니다.

파업은 왜 해요?

 '이익 집단'은 생각이 같은 사람들이 모여서 공동 이익을 얻기 위해 만든 단체예요. 구성원들만의 이익을 실현하는 것을 목적으로 해요. 따라서 자기가 속한 집단에 손해되는 일이 생기거나 더 큰 이익을 얻기 위해서는 시위나 파업을 해요. 정부가 미처 헤아리지 못한 부분에 귀 기울일 수 있는 길을 마련하기 위해서예요.

정부는 누가 감시해요?

　국회는 정부를 감시하고 비판할 수 있어요. 그래서 대통령과 정부가 정치를 잘하고 있는지 '국정 감사'를 통해 감시해요. 국정 감사는 해마다 9월에 열려요. 이때 국회 의원들이 업무를 보고 받고 잘못된 점을 지적하지요. 국정 감사는 공개적으로 진행되고 증인이나 참고인들이 출석하는 청문회도 열 수 있어요.

왜 투표는 수요일에 해요?

　선거일은 공휴일이에요. 만약 월요일이나 금요일을 선거일로 정하면 토요일과 일요일을 포함해서 여행을 가는 사람이 많을 거예요. 또 화요일이나 목요일을 선거일로 하면 월요일 또는 금요일에 휴가를 내서 여행을 갈 테니 투표율이 낮아지겠지요. 그래서 많은 사람들이 참여할 수 있게 선거는 수요일에 하도록 정했답니다.

 # 어떻게 투표가 끝나자마자 당선될 사람을 알아요?

 투표를 마치고 나온 사람들에게 누구를 선택했는지 조사하는 것을 '출구 조사'라고 해요. 출구 조사는 모든 사람들에게 하는 것은 아니에요. 조사를 강요할 수도 없어요. 투표를 마친 사람도 누구를 선택했는지 말하지 않을 권리도 있지요. 가끔 거짓으로 조사에 답하는 사람도 있지만, 출구 조사가 요즘은 선거 결과와 거의 일치해요.

돈이 없으면 선거 운동도 못해요?

　선거 운동을 하려면 돈이 많이 들어요. 그런데 돈이 없다고 해서 선거 운동을 아예 못하는 것은 아니에요. 우리나라는 후보들에게 선거 운동의 기회를 똑같이 주고 있어요. 그래서 선거 운동에 드는 돈의 일부를 나라에서 부담하지요. 따라서 능력이 있다면 돈이 없어도 후보자가 되어 선거에 참여하고 선거 운동을 할 수 있어요.

19 투표에서 표가 똑같이 나오면 어떻게 해요?

국회 의원 선거나 지방 선거 때 표가 똑같이 나오면 나이가 더 많은 사람이 당선돼요. 대통령 선거에서 표가 똑같이 나오면 국회에서 투표로 결정해서 최종 당선자를 결정하지요. 그런데 국회에서 중요한 일을 결정할 때 찬성과 반대가 동점이라고 해도 다시 투표를 하지는 않아요. 나라마다 방법이 다르지만 우리나라는 찬성과 반대가 동점일 경우 '반대'로 결정지어요.

20 선거에서 당선되지 않고도 국회 의원이 될 수 있어요?

국민이 직접 뽑은 국회 의원을 '지역구 의원'이라고 하고, 각 정당이 얻은 표의 비율에 따라 차례로 당선된 국회 의원을 '비례 대표 의원'이라고 해요. 비례 대표 제도를 두는 이유는 각 분야에서 뛰어난 사람들이 치열한 선거를 치르지 않고도 국회 의원으로 일할 수 있도록 하기 위해서예요.

온라인으로도 투표할 수 있나요?

인터넷과 정보 기술이 발전하면서 전자 민주주의도 발전하고 있어요. 일부 선거에서 온라인 투표는 물론 이메일로 민원을 접수할 수 있지요. 특히 몸이 불편한 사람이 직접 투표장에 가지 않고도 투표에 참여할 수 있다는 장점이 있어요. 하지만 인터넷에 서툰 사람들은 의견을 전하기 힘들 수도 있다는 단점도 있어요.

22. 선거일에 투표를 못 하면 어떻게 해요?

투표일에 투표를 하지 못할 경우에는 미리 투표를 할 수 있어요. 이를 '사전 투표'라고 해요. 사전 투표는 선거일 5일 전부터 이틀 동안 진행되며 오전 6시부터 오후 6시까지 투표할 수 있어요. 투표권이 있는 사람은 신분증만 있으면 사전 투표소 어디에서나 투표를 할 수 있어요.

국회 의원은 무슨 일을 해요?

　국회 의원은 국민의 뜻을 국회에 전달하는 사람이에요. 입법부에 속한 국회 의원은 국민을 대표해서 4년 동안 법을 만들고 정부를 감시해요. 그리고 1년 동안 나라 살림에 필요한 예산을 살피기도 하지요. 오로지 나라와 국민의 이익을 생각해야 하는 국회 의원은 다른 직업을 가질 수 없고 자신의 지위를 함부로 사용해서는 안 된답니다.

국회 의원은 정당을 바꿀 수도 있나요?

정치인들은 자기가 속한 정당이 자신과 뜻이 다르거나 혹은 힘이 약해지면 다른 당으로 옮기기도 해요. 정당을 바꾸면 믿고 지지한 국민들은 배신감을 느낄 수도 있어요. 더군다나 정당을 여러 번 옮기면 국민이 외면하기 때문에 선거에서 떨어지는 경우가 더 많아요. 이렇게 정당을 떠도는 정치인을 '철새 정치인'이라고 해요.

국회 의원은 국회로 매일 출근하지 않나요?

'국회'는 입법 기관이기도 하고, 국회를 구성하는 국회 의원들이 국회 의사당에 모여서 하는 회의를 말하기도 해요. 국회는 매년 9월 1일에 시작해 100일 동안 정기 국회가 열려요. 날짜를 정해 놓은 것 없이 필요할 때마다 국회를 여는 것을 '임시 국회'라고 하지요. 국회가 열리면 모든 국회 의원들이 국회 의사당으로 모여요.

 # 왜 시위를 하는 거예요?

시민들이 정부에 자신들의 뜻을 알리는 의사 표현을 '시위'라고 해요. 되도록 많은 사람들이 관심을 가질 수 있도록 광장이나 공원 등의 장소에서 하지요. 혼자 시위를 하는 1인 시위도 있지만, 대부분의 시위는 집단으로 하는 경우가 많아요. 요즘은 온라인을 통한 시위를 하기도 해요.

꼭 정치에 관심을 가져야 해요?

국회 의원이나 대통령과 같은 정치인은 국민을 대신해 나랏일을 하는 사람들이에요. 그런데 국민들이 정치에 관심을 갖지 않으면, 정치인이 제멋대로 권력을 행사할 수도 있어요. 그러면 그 피해는 국민이 받게 되겠지요. 따라서 정치는 정치인만 하는 것이 아니고 국민도 함께해야 더 발전된 나라를 만들 수 있어요.

모두 착해지면 법이 없어도 살 수 있지 않나요?

 법을 정해 두면 사람들은 법에 따라 행동하므로 다툼을 예방할 수 있어요. 또 다툼이 일어났을 때 법이 정한 기준과 절차에 따라 공정하게 해결할 수 있지요. 이렇게 법은 개인이나 집단의 권리를 보호하고 범죄로부터 안전을 지키는 역할을 해요. 그렇기 때문에 도덕이나 규범에 비해 강제력을 가지고 있어요.

나도 법을 만들 수 있나요?

이제 학교 앞에서 교통사고를 내면 더 무거운 벌을 받게 된대.

어린이를 보호하는 법을 만들었구나.

누가 만들었는데?

법은 국회에서 만드는 거야. 그리고 누구나 법률을 국회에 청원할 수 있지.

그러면 우리도 법을 만들 수 있어?

물론!

　법은 입법부인 국회에서 만들어요. 정부나 국회에서 새로운 법이나 고칠 법을 제안하면 국회에서 내용을 검토해요. 그리고 국회 의원들이 다수결로 결정해서 대통령에게 새로운 법에 대해 알려요. 이때 대통령은 법안을 거부할 수도 있어요. 그러면 다시 국회에서 법안에 대한 결정을 내리지요. 새로운 법이 정해지면 대통령이 발표해서 널리 알린답니다.

내가 학교에 안 가면 부모님이 벌을 받아요?

국민은 권리도 있지만 꼭 지켜야 할 의무도 있어요. 만약 의무를 다하지 않으면 나라에 벌금을 낼 수도 있어요. 국민의 의무 가운데 모든 국민이 교육을 받아야 하는 교육의 의무가 있어요. 우리나라는 중학교까지 의무 교육을 받아야 해요. 따라서 학교에 가지 않는다면 부모님이 의무를 다하지 않은 것이므로 과태료를 낼 수도 있어요.

왜 나는 사이트에 가입할 수 없어요?

 미성년자는 만 19세 미만의 사람으로 부모님의 동의가 필요한 경우가 많아요. 미성년자는 아직 판단력이 부족하다고 여겨 법정 대리인의 동의를 받아야 법률 행위를 할 수 있어요. 그렇다고 부모님이나 다른 사람의 주민 등록 번호를 몰래 사용하면 법을 어긴 것이므로 법의 보호를 받을 수 없어요.

친척끼리는 왜 결혼할 수 없어요?

우리나라 민법에서는 '8촌 이내의 친족은 혼인할 수 없다'고 정해 두었어요. '친족'은 촌수가 가까운 사이로 보통 친척이라고 부르는 사람들이에요. 가까운 혈족일수록 자식에게서 유전자의 우성보다는 열성이 나올 확률이 높아요. 따라서 유전적인 문제 때문에 친족끼리 결혼을 허락하지 않아요.

 # 청소년은 절대로 감옥에 안 가죠?

　만 10세 이상에서 만 14세 미만은 '촉법소년'이라고 해서 죄를 저질러도 처벌을 받지 않아요. 그리고 만 14세 이상의 청소년이 가벼운 범죄를 저질러 경찰서에 가도 잘못을 뉘우치면 그냥 풀려나요. 하지만 계속 죄를 저지르면 소년부로 보내기도 하고, 무거운 죄를 지으면 어른과 똑같이 형사 처분을 받고 소년 교도소로 갈 수도 있어요.

우리나라를 왜 대한민국이라고 해요?

　우리나라 헌법 제1조에 국호를 대한민국이라고 정해 두었어요. 그래서 우리나라 국호는 '대한민국'이에요. 줄여서 '한국'이라고도 하지요. 상해 임시 정부 때 독립운동가들에 의해 국호를 대한민국으로 정했지요. 그 후 해방이 된 뒤로 국호를 계속 사용하면서 오늘날에 이르렀어요. 한국을 뜻하는 영어 단어 '코리아(KOREA)'는 '고려'의 영어 표기에서 비롯되었어요.

한국인이면서 미국인일 수도 있어요?

우리나라는 부모 한쪽이 우리나라 국민이면 아이도 우리나라 국적을 가져요. 그런데 미국은 어느 나라 사람이든 미국 영토에서 태어나면 모두 미국 국민으로 인정하지요. 따라서 우리나라 부모가 미국에서 아이를 낳으면 그 아이는 한국 사람이면서 미국 사람도 되는 거예요. 이것을 '복수 국적'이라고 해요.

외국인도 공무원이 될 수 있나요?

외국인도 우리나라 회사에 취직할 수도 있고 회사나 공장을 세울 수도 있어요. 하지만 우리나라 공무원이 될 수는 없어요. 공무원은 우리나라에 이익이 되는 일을 하고 중요한 정보를 다루어요. 그런데 외국인이 공무원이 되면 우리나라가 아닌 자기 나라를 위해 일을 할 수도 있어서 특수한 경우를 제외하고는 외국인은 공무원이 될 수 없어요.

재판은 왜 여러 번 해요?

재판은 어떤 다툼이 생겼을 때 판사가 잘잘못을 판단하고 결정하는 일이에요. 재판은 판사가 자기 마음대로 하는 것이 아니라 증거가 중심이 되어야 해요. 그리고 공정한 재판을 위해 한 사건을 세 번까지 재판받을 수 있지요. 세 번 재판을 하는 삼심 제도는 판사가 잘못된 판결을 내릴 수도 있으므로 국민을 보호하기 위한 거예요.

민사 재판은 뭐고 형사 재판은 뭐예요?

　국민들 사이에 다툼이 벌어졌을 때 하는 재판을 '민사 재판'이라고 해요. 소송을 건 사람을 원고라고 하고 재판을 받게 된 사람을 피고라고 하지요. 사회 질서를 어지럽히는 범죄에 관한 재판을 '형사 재판'이라고 해요. 형사 재판의 원고는 국가 기관인 검사이고 범죄 혐의를 받고 있는 사람을 피고라고 해요. 피고인은 법원에서 내린 판결대로 벌을 받아요.

왜 영장이 없으면 나쁜 사람도 수사를 못 해요?

 범죄를 저지른 사람을 체포할 때는 검사의 체포 영장이 있어야 해요. 피의자를 가둘 때도 구속 영장이 있어야 하고 집이나 사무실을 조사할 때도 수색 영장이 있어야 해요. 증거물을 가져갈 때도 압수 영장이 있어야 하지요. 영장이 필요한 이유는 범죄 혐의가 있다고 해도 모든 국민의 인권을 보호하기 위해서예요. 하지만 범죄 현장에서 바로 체포하는 현행범은 영장이 필요 없어요.

40 아이를 자유롭게 내버려 두는 것도 아동 학대예요?

아동 학대는 신체적으로 괴롭히는 것만을 뜻하지 않아요. 언어폭력을 하거나 심리적으로 불안함을 느끼게 하는 것도 포함돼요. 그리고 아동에게 필요한 음식이나 옷을 주지 않거나 돌보지 않고 방치하는 것도 아동 학대예요. 아동 학대로 의심될 때에는 학교 선생님이나 의료진, 아동 복지 시설에 있는 사람은 물론 누구나 신고를 할 수 있어요.

헌법은 늘 옳아요?

헌법은 국가 최고의 법이에요. 하지만 시간이 흐르면서 시대에 어울리지 않는 경우가 생기기도 해요. 또는 같은 내용으로 해석이 달라서 다툼이 생기기도 하지요. 그래서 헌법도 여러 번 바꾸었어요. 지금 우리나라 헌법은 9차 개정 헌법이에요. 1987년 6월 민주 항쟁을 계기로 개정되었으며 우리나라 역사상 가장 민주적인 헌법으로 평가받고 있어요.

대통령도 중간에 그만둘 수 있어요?

　대통령은 임기 중에 질병이나 사고 등으로 임기를 못 채우는 경우도 있지만, 큰 잘못을 저지르면 자리에서 물러날 수 있어요. 이것을 '탄핵'이라고 해요. 대통령은 탄핵이 되면 대통령으로서의 권리를 잃어버리지요. 그리고 국민은 새로운 대통령을 뽑을 수 있어요. 탄핵은 대통령뿐만 아니라 국무총리나 장관, 법관 등도 할 수 있어요.

물건을 주운 것만으로도 벌을 받을 수 있어요?

 길에서 주운 물건을 함부로 사용하거나 마음대로 처리해도 안 돼요. 때로는 그냥 가지고만 있어도 처벌을 받을 수 있어요. 따라서 물건을 주우면 바로 분실물 센터나 경찰에 신고해야 해요. 잃어버린 물건의 주인을 찾아 주었을 때는 보상금을 받을 수도 있어요. 또는 물건 주인이 1년이 넘도록 나타나지 않으면 주운 사람이 물건을 가질 수도 있어요.

바다에서 보물선을 찾으면 내 거죠?

하늘에서 떨어진 금덩이는 주인이 없으니까 맨 처음 발견한 사람이 주인이에요. 그런데 바닷속에서 발견한 금은보화는 먼저 발견한 사람이 주인이 아니에요. 바다에서 보물선을 발견했다면 우선 나라에 신고를 해야 해요. 그리고 일정 기간이 지나도 주인이 나타나지 않으면 국가 소유가 돼요. 물론 발견한 사람에게는 법으로 규정한 보상금을 주도록 되어 있어요.

변호사랑 검사는 사이가 안 좋아요?

검사는 경찰이 체포한 피의자가 범인으로 확인되면 법원에 재판을 청구해요. 그러면 피의자는 변호사를 선임해요. 변호사는 자신에게 재판을 맡긴 의뢰인에게 유리한 주장을 해요. 죄가 있는지 없는지 살피고, 만약 죄가 있다면 잘못을 뉘우치고 있으니 가볍게 처벌해 달라는 등의 주장을 하지요.

46 보통 사람들도 재판에 참여할 수 있어요?

우리나라는 2008년부터 '국민 참여 재판'을 만들었어요. 국민들이 정치와 법을 이해할 수 있도록 대법원에서 만든 제도예요. 만 20세 이상이면 일반 시민도 누구나 배심원이 되어 재판에 참여할 수 있지요. 단, 배심원은 무작위로 선출된다고 해요. 배심원들은 피고의 유무죄를 논의하고 유무죄에 대해 만장일치로 결정해요. 그리고 판사는 배심원의 의견을 참고만 할 뿐 무조건 받아들이지는 않아요.

법원은 한 군데가 아니에요?

　우리나라 최고의 법원은 대법원이에요. 그 아래에 고등 법원이 있고 또 그 아래에는 지방 법원이 있어요. 재판의 성격에 따라 법원이 달라지기도 해요. 소년 재판이나 가사 재판은 가정 법원에서 하고, 행정에 관한 재판은 행정 재판에서 해요. 특허에 관한 재판은 특허 법원에서 하며 헌법에 관한 것은 헌법 재판소에서 한답니다.

 # 왜 정부 기관이 세종시에도 있어요?

　우리나라의 중앙 행정 기관은 대부분 서울에 몰려 있어요. 그러다 보니 서울 근처인 수도권만 점점 발전했어요. 그래서 우리나라 모든 지역이 균형 있게 발전하도록 서울에 집중된 행정 기관을 나누기로 했지요. 그렇게 탄생한 것이 '세종특별자치시'예요. 행정 중심 복합 도시인 세종시에는 중앙 행정 기관 23개와 소속 기관 24개 그리고 국책 연구 기관 16개 등이 있어요.

 # 지도로 땅의 높이를 알 수 있어요?

 지도에서 볼 수 있는 '등고선'은 높이가 같은 지점을 연결한 곡선이에요. 지도는 종이에 그리기 때문에 높이를 입체적으로 나타낼 수 없어요. 그래서 높이가 같은 지점을 이은 선으로 높이를 알려 주지요. 등고선의 색깔이 초록색이 진하면 땅이 낮고 갈색이 진하면 땅이 높아요. 또 등고선 간격이 좁으면 경사가 급하고 넓으면 경사가 완만하답니다.

왜 삼천포로 빠진다고 말해요?

 길을 잘못 들거나 이야기가 흐름에 맞지 않고 엉뚱하게 흐를 때 '삼천포로 빠진다'라고 해요. 삼천포는 경상남도에 있었어요. 주변에 있는 다른 도시로 가려다가 자칫 길이 헷갈려 삼천포로 가는 경우가 많았대요. 그래서 '삼천포로 빠지다'라는 말이 생기게 되었지요. 지금은 사천군과 합쳐져 사천시가 되었어요.

집 모양은 왜 다 달라요?

　집은 대부분 그 지역에서 쉽게 구할 수 있는 재료로 만들어요. 농촌에서는 가을에 추수하고 남은 볏짚으로 지붕을 얹은 초가집이 많았어요. 나무가 많은 산촌에서는 나무를 잘라 지붕을 이은 굴피집이나 너와집이 많지요. 또 주위 환경에 따라 집 모양이 달라지기도 해요. 덥고 습한 열대 기후에서는 통풍이 잘 되도록 짓고 더위와 습기를 피해 집의 바닥을 높게 지어요.

고속 도로가 있는데 왜 자꾸 철도를 만들어요?

고속 도로 덕분에 도시에서 도시로 사람이나 물건이 신속하게 이동할 수 있게 되었지요. 무엇보다 일일생활권이 되어 하루 만에 전국 어디든 이동할 수 있게 되었어요. 그런데 고속 도로는 막히면 정확한 시간에 도착할 수 없어요. 그에 반해 철도는 많은 사람들이 한 번에, 그리고 정확한 시간에 이동할 수 있다는 장점이 있어요.

특산물이 뭐예요?

어느 한 지방에서 특별하게 생산되는 물건을 '특산물'이라고 해요. 지역마다 자연환경이 다르듯 특산물도 지방마다 달라요. 또 같은 물건이라도 다른 지역보다는 품질이 뛰어나지요. 특산물은 그 지방을 알리는 데 도움이 돼요. 그리고 품질이 뛰어나 경제적으로도 큰 도움이 되기 때문에 지역 특산물을 알리는 데 많은 노력을 해요.

우리 땅은 어디까지예요?

　영토는 나라의 주권이 미치는 땅의 범위를 말해요. 땅뿐만 아니라 하늘과 바다도 법으로 정해져 있어요. 그래서 다른 나라 비행기가 우리나라 하늘을 지나갈 때는 허락을 받아야 해요. 바다는 땅의 바깥쪽 12해리(1해리는 1,852미터)이지만, 대한 해협 근처의 섬은 썰물 때 일본과 영해가 겹치기 때문에 협의해서 3해리로 정했어요.

팔도의 이름은 어떻게 정해졌나요?

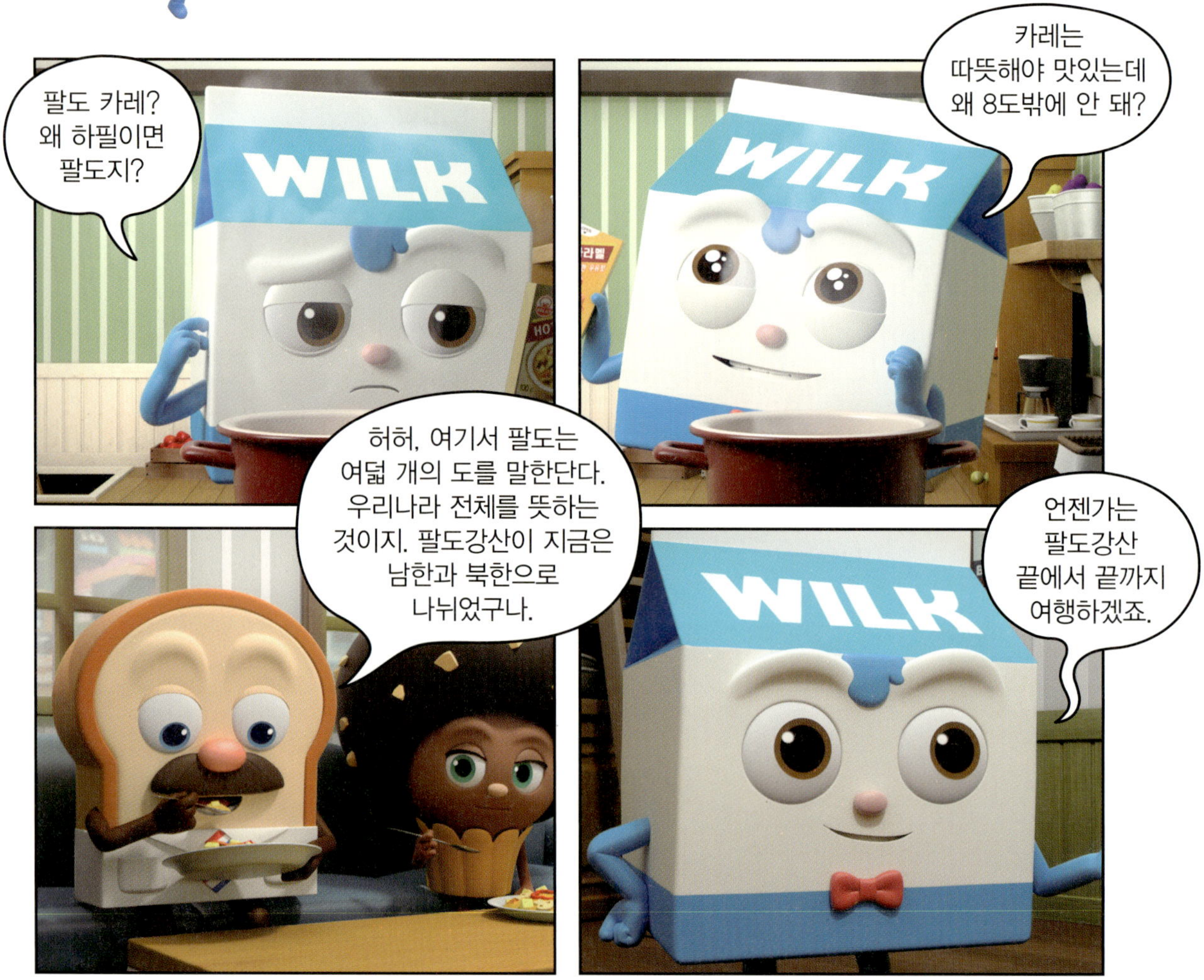

'팔도'는 평안도, 함경도, 황해도, 경기도, 강원도, 충청도, 제주도가 속한 전라도, 경상도 이렇게 여덟 개의 도를 말해요. 각 도의 이름은 큰 도시 이름의 앞 글자에서 가져왔어요. 강원도는 강릉과 원주, 충청도는 충주와 청주, 전라도는 전주와 나주, 경상도는 경주와 상주, 함경도는 함흥과 경성, 평안도는 평양과 안주, 황해도는 황주와 해주의 앞 글자예요.

명당은 왜 명당이에요?

　명당은 집터 또는 무덤 등의 자리를 정할 때 가장 좋은 자리를 말해요. 명당에 터를 잡으면 좋은 일이 많이 생긴다고 하지요. 이렇게 땅의 모양이나 위치에 따라 좋거나 나쁜 영향을 줄 수 있다는 것을 '풍수지리설'이라고 해요. 고려의 도읍인 개경과 조선의 도읍인 한양도 풍수지리설에 의해 정해졌어요.

고령화가 왜 문제예요?

　전체 인구 가운데 노인이 차지한 비율이 높아지는 것을 '고령화'라고 해요. 노인의 비율이 점점 더 높아지면 '고령화 사회', '초고령 사회'라고 하지요. 의학 등의 발달로 평균 수명은 늘어나는데 출산율이 떨어지니 노인의 비율이 높아지는 거예요. 노인 인구의 비율이 높아지면 경제 활동을 할 수 있는 사람들이 줄어들어 국가 재정이 어려워질 수 있어요.

여의도 음식점은 왜 일요일에 문을 닫아요?

　도시가 발달하면 공공 기관이나 회사 등 주요 기관들이 도시 한가운데로 모여요. 그러면 교통도 복잡해지고 땅값도 올라가지요. 사람이 사는 주택은 땅값이 싼 곳으로 이동하면서 일하는 곳과 사는 곳이 나뉘게 돼요. 그래서 도심은 낮에는 복잡하지만 저녁에는 다들 집으로 돌아가기 때문에 텅 비게 된답니다.

한강은 어디에서 시작돼요?

서울을 가로지르는 한강은 남한강과 북한강이 만나 하나로 흐르는 강이에요. 북한강은 금강산에서 시작하고 남한강은 강원도 대덕산의 검룡소에서 시작해 양평의 두물머리에서 만나요. 그리고 서울을 지나 강화도를 거쳐 서해로 빠져나가지요. 한강에서 '한'은 '크다'는 뜻이에요. 따라서 한강은 '큰 강'이라는 뜻이랍니다.

60 산에도 논이 있어요?

　논은 평야에 많아요. 그런데 산에도 논이 있답니다. '논다랑이'라고도 불리는 계단식 논은 산비탈을 계단 모양으로 다져서 만들어요. 좁고 구불구불하지만 산에서 물이 내려오고 햇볕을 마음껏 쬘 수 있어서 논농사를 짓기에 적당해요. 평야가 적은 고장에서 주로 찾아볼 수 있어요.

독도가 왜 중요해요?

    독도는 우리나라 가장 동쪽에 있는 섬이에요. 우리나라 동쪽 영해를 확정하는 독도는 한류와 난류가 만나는 곳이라 수산 자원이 풍부해요. 그리고 바다 밑에는 '메탄 하이드레이트'라는 친환경 에너지가 매장되어 있어요. 이처럼 독도는 풍부한 자원과 영해를 결정짓는데 중요할 뿐만 아니라 우리나라를 안전하게 지키는 주요한 방어 기지이기도 해요.

62 공장은 왜 바닷가에 많아요?

공업 지대가 주로 바닷가에 있는 이유는 원료를 수입하고 수출하기가 편하기 때문이에요. 외국에서 들여온 원료를 공장으로 이동하거나 다 만든 제품을 외국으로 보낼 때도 바닷가가 내륙 지역보다는 시간과 비용이 적게 들어요. 그래서 우리나라 역시 해안을 따라 공업 단지가 발달했어요.

땅을 새로 만들기도 해요?

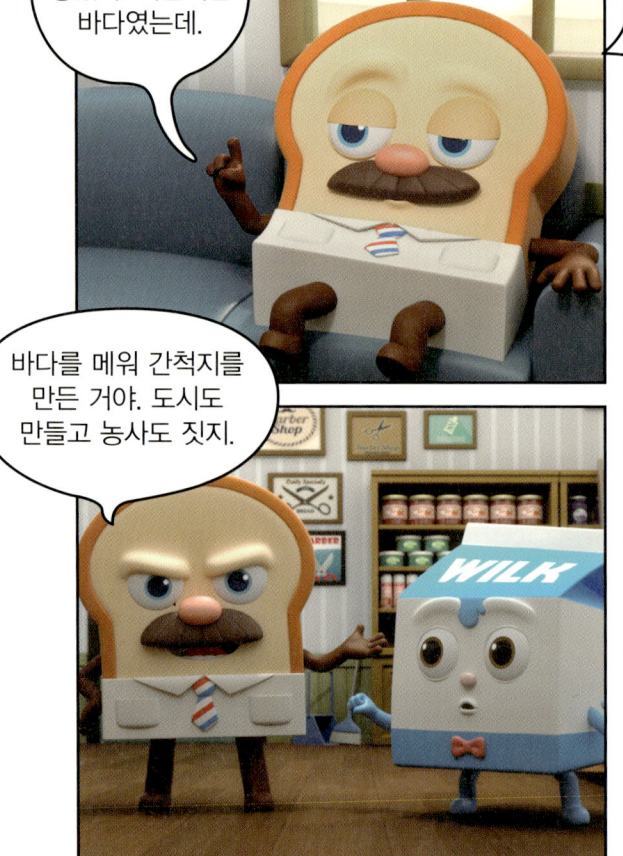

 호수나 바다를 메워 땅으로 만드는 것을 간척 사업이라고 해요. 간척 사업으로 만들어진 땅을 '간척지'라고 하지요. 간척지에는 농사를 짓기도 하고 도시를 만들기도 해요. 하지만 간척지를 만드는 게 모든 면에서 좋은 것은 아니에요. 자연을 훼손하고 환경에 좋지 않은 영향을 끼칠 수도 있어요.

장마는 왜 여름에 생겨요?

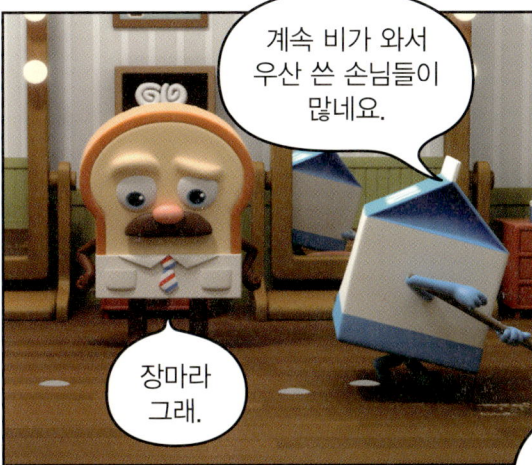

　6월 하순에서 7월 하순에 걸쳐 비가 계속 내리는 것을 '장마'라고 해요. 장마는 차고 습한 오호츠크해 기단과 덥고 습한 북태평양 기단이 만나면서 생겨요. 성질이 다른 두 공기 덩어리가 만든 장마 전선이 우리나라에 머물면서 비 오는 날이 길어지는 거예요. 그러다가 북태평양 기단의 세력이 강해져서 오호츠크해 기단을 북쪽으로 밀어내면 장마가 끝나요.

왜 대구를 대프리카라고 해요?

경상북도에 있는 대구는 아주 더워서 '대구'와 '아프리카'를 합쳐 '대프리카'라고도 해요. 대구는 내륙에 있어요. 그래서 바다에서 불어오는 시원한 바람을 받을 수 없어요. 게다가 높은 산이 둘러싸고 있어서 더운 공기가 빠져나가기 힘들어요. 그렇게 더운 공기가 계속 쌓이면서 아프리카 버금가는 찜통더위가 생기는 거예요.

지진이 아닌데도 땅이 움직인다고요?

 3억 년 전 즈음 대륙은 한 덩어리였어요. 그러다가 대륙이 점점 갈라져 아시아, 유럽, 아프리카, 북아메리카, 남아메리카, 오세아니아 등 여섯 개의 대륙이 생겼지요. 한반도는 원래 남반부에 있다가 대륙이 이동하면서 북반구에 위치하게 되었어요. 지금도 대륙은 움직이고 있어요. 다만 1년에 2~6센티미터씩 움직이기 때문에 눈으로는 볼 수도 느낄 수도 없어요.

38선과 휴전선은 같은 거 아니에요?

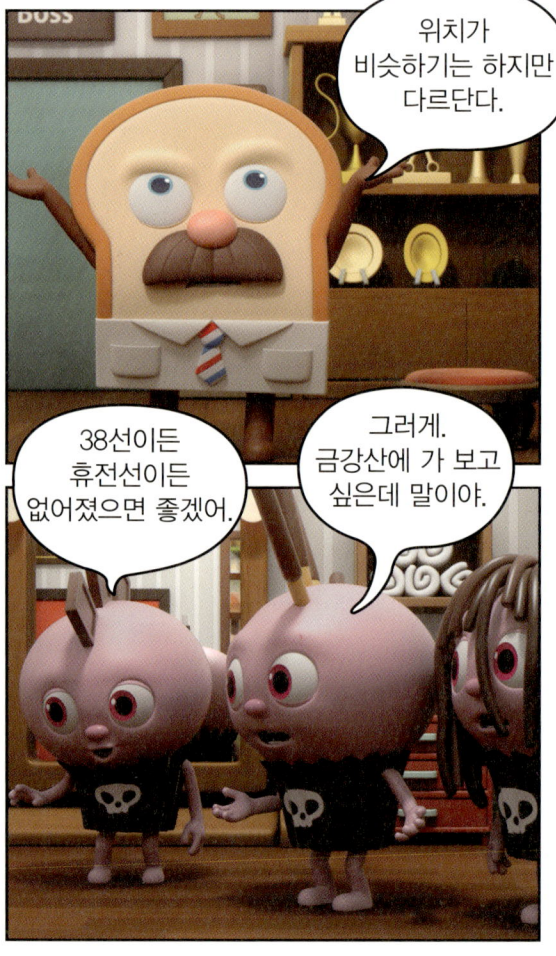

우리나라는 1945년 8월 15일에 광복을 맞이했지만 미국과 소련이 북위 38도에 38선을 긋고 각각 남쪽과 북쪽을 맡아 간섭을 했어요. 그 뒤 38선을 사이에 두고 남쪽과 북쪽은 각각 정부를 세웠지요. 그리고 6월 25일, 한국 전쟁이 일어나고 3년 뒤인 1953년 7월 27일에 휴전 협정으로 휴전선을 정한 것이 지금까지 이어 오고 있어요.

68 서울에 쓰레기 매립 섬이 있었다고요?

쓰레기 양이 어마어마하다!

정말 쓰레기가 산처럼 쌓였네!

이러다가는 정말 쓰레기 더미 위에서 살겠어.

이미 쓰레기 위에서 살고 있잖니. 서울에 쓰레기 매립장 위에 공원을 만든 곳이 있거든.

앞으로 분리배출도 잘하고 쓰레기 양을 줄이겠습니다!

　난지도는 1978년에 쓰레기 매립장으로 지정되었어요. 15년 동안 쓰레기는 100미터나 쌓이고 환경 오염이 심해져 생물이 살 수 없는 곳이 되고 말았어요. 다행히 쓰레기를 더 이상 받지 않자 생태계가 살아나기 시작했어요. 그리고 서울시는 난지도를 생태 공원으로 만들었지요. 지금 월드컵 공원 안의 노을 공원과 하늘 공원이 바로 난지도 매립지예요.

러시아는 시차가 11시간이나 된다고요?

전 세계가 시간이 똑같은 것이 아니라 그리니치 천문대를 기준으로 경도 15도마다 시간이 달라져요. 그래서 미국처럼 넓은 나라에서는 같은 나라 안에서도 시차가 생겨요. 미국 동부가 서부보다 3시간 빠르지요. 세계에서 영토가 가장 넓은 러시아는 동쪽 끝에서 서쪽 끝의 시차가 11시간까지 나요.

70

바다가 육지보다 얼마나 더 넓어요?

    지구 표면의 약 70%가 물이에요. 우주에서 바라본 지구가 푸르게 보이는 이유도 바다 때문이지요. 에베레스트산은 높이가 8,848미터로 육지에서 가장 높아요. 그런데 가장 깊은 바다는 마리나 해구의 비티아즈 해연이에요. 11,034미터로 바다가 육지보다 더 깊은 셈이지요. 만약 육지의 흙을 모두 바다에 넣는다고 해도 수심 2,440미터밖에 메우지 못하고 모두 잠겨 버릴 거예요.

왜 재난 지원 금액이 달라요?

　지방 자치 제도는 그 지역의 일을 주민 스스로 결정하고 처리하는 제도를 말해요. 우리나라는 각 지역의 대표가 지역의 일을 결정하고 처리하도록 하고 있어요. 국회나 정부가 서울에 있기 때문에 각 지역의 사정을 잘 몰라서 엉뚱한 결정을 내릴 수도 있거든요. 그래서 그 지역에 사는 사람을 대표로 뽑기 때문에 효율적으로 운영할 수 있어요.

돈이 없으면 만들면 되는 거 아니에요?

　물가가 계속 오르는 현상을 '인플레이션'이라고 해요. 공급보다 수요가 많으면 물건값이 올라요. 이럴 때 정부에서 부족한 돈을 많이 풀면 될 것 같지만, 공급이 수요를 따라가지 못하면 물가는 더 오르고 돈의 가치는 더 떨어져요. 따라서 시중에 돈이 많다고 해서 경제가 좋아지는 게 아니라 오히려 더 큰 어려움을 겪을 수 있는 것이지요.

놀이동산이나 패밀리 레스토랑은 왜 카드 할인을 해 줘요?

　놀이동산이나 패밀리 레스토랑에서 카드 할인을 해 주는 이유는 앞으로 카드를 더 많이 사용하라는 뜻이에요. 언뜻 보기에는 할인을 해 주는 카드사가 손해인 것 같지만, 할인을 많이 해 주는 카드를 자주 사용하게 될 테니까 오히려 이익이에요. 이렇게 기업이 소비자를 만족시키면서 최대한의 이익을 내는 활동을 '마케팅'이라고 해요.

물건값은 왜 오르락 내리락하나요?

물건의 가격은 수요와 공급에 따라 정해져요. 수요가 공급에 비해 적으면 물건 가격이 오르고, 수요가 공급에 비해 많으면 물건 가격은 내려요. 또 물건을 만드는 재료비가 오르면 물건 가격이 오르기도 해요. 예를 들어 우윳값이 오르면 우유를 재료로 하는 빵이나 유제품류가 일제히 가격이 오르기도 하지요.

은행은 무슨 돈으로 이자를 주는 거예요?

　은행에서 돈을 빌리는 것을 '대출'이라고 해요. 대출을 해 주면서 대출 이자를 받아요. 그리고 그 돈으로 예금한 사람에게 예금 이자를 지급하는 것이지요. 이자는 저축하는 종류에 따라 달라요. 언제든 돈을 찾아 쓸 수 있는 자유 저축보다는 일정 기간 동안 돈을 찾을 수 없는 정기 적금이 이자율이 높아요.

왜 대출 이자는 차이가 나요?

　은행이나 보험 회사와 같은 금융 기관에서 돈을 빌리려면 신용이 좋거나 담보가 있어야 해요. 만약 담보도 없고 신용도 나쁘다면 은행에서 돈을 빌리지 못해요. 금융 기관 이외에 개인이 돈을 빌려주고 이자를 받는 곳이 있어요. 그런 곳을 '사금융'이라고 해요. 사금융은 신용도 나쁘고 담보도 없는 사람에게 돈을 빌려주는 대신 이자가 아주 높아요.

에어컨을 왜 겨울에 사요?

　여름에 사용하는 에어컨은 겨울에 팔고, 겨울에 사용하는 스키 용품은 여름에 파는 경우가 있어요. 이때 기업에서는 계절에 어울리지 않은 상품이라도 팔리도록 가격을 조절해요. 또한 작년에 팔리지 않은 제품을 보관하는 데도 비용이 들기 때문에 계절에 상관없이 싸게 판매하기도 하지요.

78 왜 외국인들이 우리나라에서 일해요?

　외국인 노동자는 대한민국 국적이 아닌 사람으로, 돈을 벌기 위해 우리나라에서 일하는 노동자를 말해요. 이주 노동자라고도 하지요. 대부분의 외국인 노동자는 우리나라 사람들이 꺼리는 힘들고 어려운 일을 해요. 그리고 고령화와 출산율이 낮아지면서 노동력이 부족해 외국인 노동자의 수는 점점 증가하고 있지요.

할아버지는 왜 일을 안 해도 돈을 받아요?

나이가 들면 더 이상 경제 활동을 할 수 없게 돼요. 생활비는 필요한데 경제 활동을 하지 못할 때를 대비한 사회 보장 제도 가운데 하나가 '국민연금'이에요. 국민연금은 연금 가입자에게 일정한 금액을 일정 기간 동안 받아 두었다가 경제적 활동을 할 수 없는 나이가 되었을 때 국가가 일정 금액을 지급하는 제도예요.

산지 직송이 뭐예요?

생산자가 재배한 채소나 과일은 대부분 도매상과 소매상을 거쳐 마트를 통해 판매돼요. 이렇게 여러 단계를 거치면 운송비와 인건비 등 유통 비용이 발생해요. 하지만 불필요한 유통 과정을 줄이면 가격이 떨어지죠. 또한 소비자에게 더 빠르게 전달할 수 있어서 싱싱해요. 그래서 산지 직송인 상품은 신선하고 가격이 싸답니다.

복권에 당첨된 것인데 왜 세금을 내요?

경제 활동을 해서 얻는 것을 '소득'이라고 해요. 그리고 소득이 있으면 모두 세금을 내야 해요. 바로 '소득세'예요. 소득세는 정부의 중요한 수입원이에요. 부모님이 경제 활동을 하고 얻은 소득을 '근로 소득'이라고 하고, 복권 당첨이나 상속같이 이렇다 할 경제 활동 없이 얻은 소득은 '기타 소득'이라고 해서 역시 세금을 내요.

세금이 부족하면 어떻게 해요?

　세금은 나라의 살림을 위해 국민에게서 걷는 돈이에요. 물론 국민을 위해 사용하지요. 예산을 세워 세금을 거둬들이지만 만약 세금이 부족하면 나라도 은행이나 외국에서 돈을 빌릴 수 있어요. 부족한 돈을 메우기 위해 발행하는 증서를 '채권'이라고 해요. 그 가운데 나라에서 발행하는 채권을 '국채'라고 해요.

83 대통령은 누구한테 월급을 받아요?

대통령은 공무원이에요. 따라서 국민이 낸 세금으로 월급을 받아요. 국회 의원, 국무총리, 대법원장, 장관 등 모든 공무원은 국민이 낸 세금으로 월급을 받아요. 대통령은 단순히 돈을 버는 직업은 아니에요. 대통령은 한 나라를 대표할 뿐만 아니라 국민이 행복하게 살 수 있도록 나라를 발전시키고 국민을 보호해야 하는 책임감이 따르는 자리랍니다.

왜 집값은 다 달라요?

　서울의 강남은 한강의 남쪽을 말해요. 옛날 서울은 주로 4대문 안인 종로, 명동, 충무로와 여의도 등이 발전했어요. 그런데 인구가 늘어나면서 새로운 곳을 개발하기로 했지요. 그래서 논과 밭뿐이었던 강남 지역을 개발하면서 명문 고등학교를 옮기고 문화 시설, 편의 시설을 만들었어요. 그리고 지하철을 연결해 교통도 편리하게 했지요. 그러자 사람들이 강남으로 몰리면서 집값이 많이 오르게 되었어요.

우리나라 회사 물건을 왜 중국에서 만들어요?

요즘은 물건 대부분을 중국에서 만들어요. 중국은 일자리보다 일할 사람이 많아 인건비가 우리나라보다 낮아요. 인건비가 낮으면 생산하는 데 드는 비용이 줄기 때문에 중국에서 제품을 만드는 것이 이익이지요. 중국에서 만들기는 하지만 제품의 품질 관리는 우리나라 본사에서 하기도 해요.

착한 초콜릿은 어떤 거예요?

물건의 가격을 낮추려면 생산비를 줄여야 해요. 그런데 그 과정에서 아이들에게 말도 안 되는 싼값에 일을 시켜 인건비를 줄이는 경우가 있어요. 그 사실을 안 소비자들은 정당한 노동의 대가를 지불하는 공정한 무역이 이루어져야 한다고 생각했어요. 그렇게 공정 무역으로 생산된 제품을 '착한 초콜릿', '착한 커피'라고 불러요.

'한강의 기적'이 뭐예요?

나 어릴 적에는 한강에서 얼음도 깨서 먹고 그랬는데.

한강 얼음을 먹다니, 그래서 한강의 기적이라고 하는 거예요?

그게 아니라 1970년대 경제 성장을 보고 외국 사람들이 정말 기적 같은 일이라고 한 거지.

옛날처럼 한강 얼음 먹어 봤으면 좋겠어요.

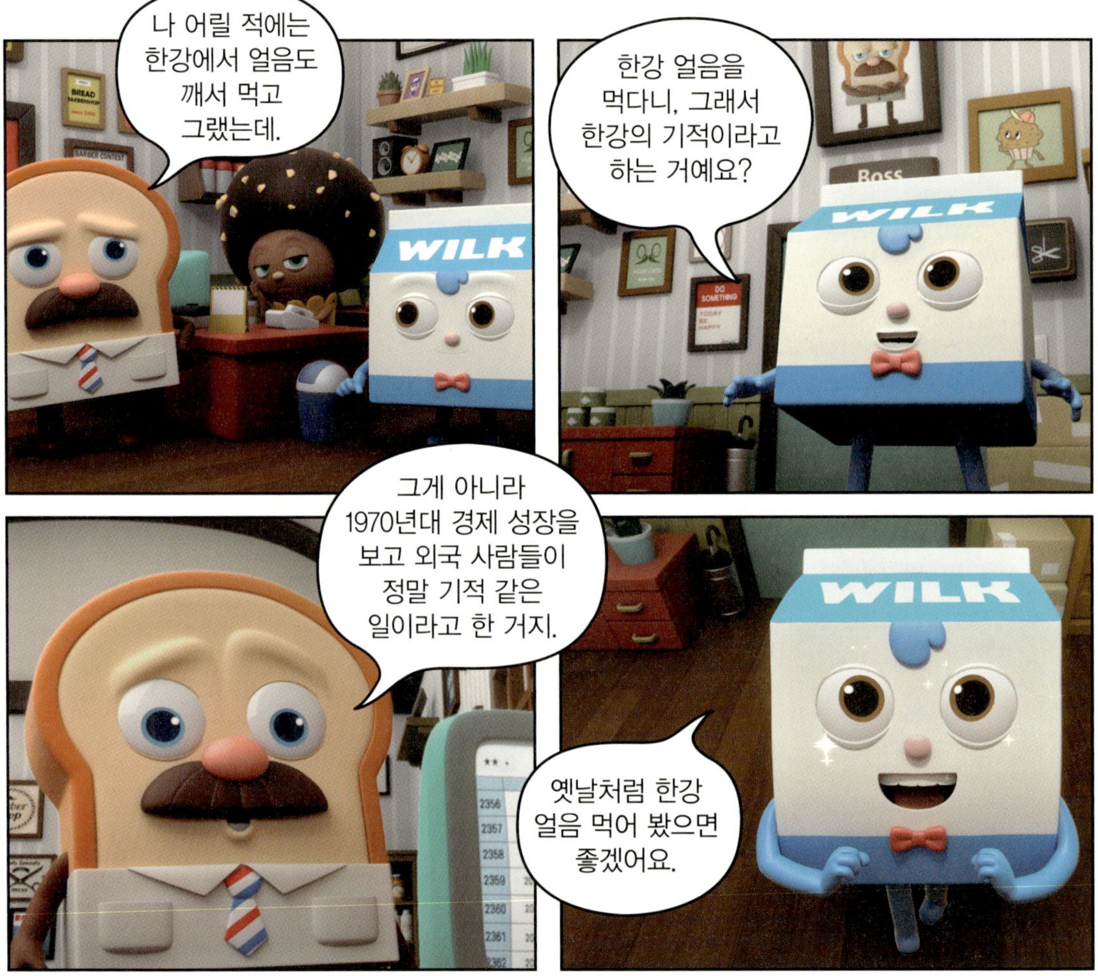

우리나라는 일본으로부터 해방은 했지만, 얼마 있지 않아 한국 전쟁이 일어났어요. 그 탓에 국토가 아주 황폐해져 우리나라 국민들은 먹고사는 것조차 아주 힘들었지요. 하지만 나라를 되살리기 위해 정부와 국민이 같이 노력했어요. 그 결과 급격한 경제 성장을 이룬 우리나라를 보고 외국 사람들은 '한강의 기적'이라고 불러요.

인터넷 쇼핑으로 물건을 사면 왜 더 싸요?

 같은 물건이라고 해도 판매하는 곳에 따라 가격이 달라요. 보통 매장은 물건을 진열할 장소도 필요하고, 손님을 맞이할 종업원도 필요해요. 하지만 인터넷 쇼핑몰은 물건을 진열할 필요도 없고 종업원이 많이 필요하지도 않아요. 보통 매장보다는 판매에 들어가는 비용이 적게 들기 때문에 가격이 싼 편이에요.

89 비정규직이랑 정규직이랑 뭐가 달라요?

　정규직은 정식으로 회사에 소속된 노동자로 회사로부터 보험 가입 등 여러 가지 복지 혜택을 받아요. 반대로 비정규직은 계약직으로 복지 혜택을 받을 수 없고 계약 기간이 끝나면 일을 그만두게 될 수도 있어요. 회사 입장에서는 비용이 적게 드는 비정규직 노동자를 더 선호해요. 그래서 정규직보다는 비정규직이 점점 늘고 있어요.

마트 시식 코너가 많으면 손해 아니에요?

새로운 상품이 나오면 기업에서 홍보를 해요. 그 가운데 식품은 직접 맛을 보게 하는 것이 가장 확실한 광고예요. 그래서 마트에서는 시식 행사를 해요. 손님이 직접 맛을 보고 구매하기도 하고 맛있다고 소문을 내기도 하지요. 공짜로 나누어 주어서 기업에서는 손해인 듯하지만 그 대신 판매량이 증가하기 때문에 오히려 득이 더 많아요.

전기 요금 폭탄은 왜 생기는 거예요?

전기 요금은 기본요금에 더해 사용한 만큼의 요금을 내요. 그런데 가정용 전기 요금은 누진제를 적용하고 있어요. 누진제는 쓰면 쓸수록 비싸지는 거예요. 자원이 부족한 우리나라는 에너지를 절약하기 위해 전기 요금에 누진제를 적용해요. 많이 사용하면 몇 배로 많은 요금을 낼 수 있으니 전기를 절약하려고 노력하겠지요.

92. 같은 물건을 파는 가게는 왜 모여 있나요?

비슷한 또는 같은 물건을 파는 가게가 모여 있으면 서로 손님을 빼앗기는 것 같지만 판매자나 손님이나 모두 이익이에요. 판매자는 재료를 공동으로 구매하고 공유할 수 있어서 비용을 절약할 수 있어요. 또 서로 경쟁하면서 서비스도 좋아지고 품질도 좋아져 손님들이 더 찾게 되지요.

왜 일을 나눠서 해요?

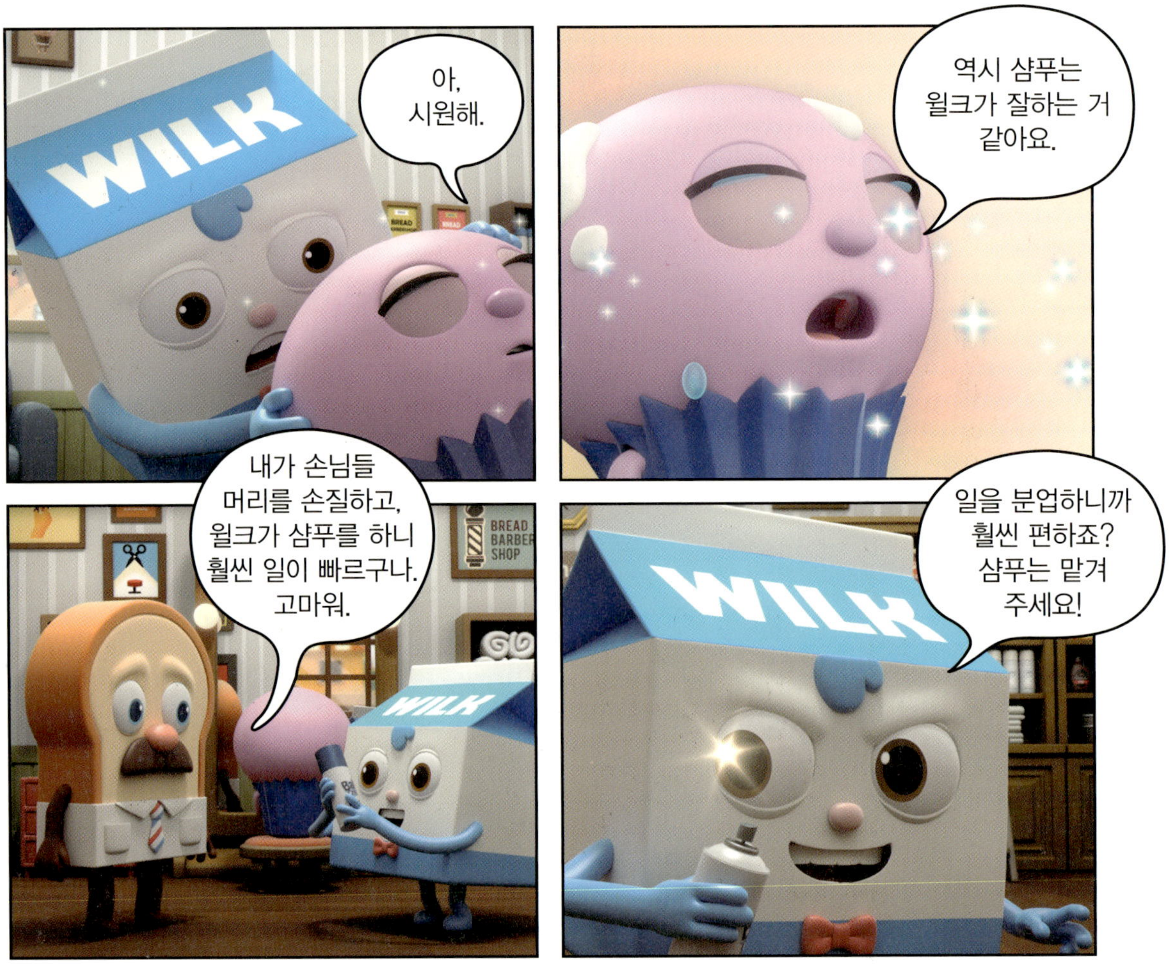

일을 할 때 각자 나누어 하면 빠르게 진행돼요. 처음부터 끝까지 혼자 하기보다는 각자 분야를 맡아서 하면 일이 손에 익어 빨리 해결할 수 있고 그 분야에 전문가가 되기도 하지요. 하지만 분업을 하면 한 가지 일만 하니 노동자가 지루해질 수 있고, 자기가 맡은 분야에 관한 일만 할 수 있다는 단점도 있어요.

돈 내지 않아도 물건을 가질 수 있나요?

　연예인이나 유명 인사가 광고를 하면 소비자는 친근감과 함께 신뢰감을 가지고 물건을 구매하는 경우가 많아요. 때로는 연예인이 협찬을 받아 사용한다는 것만으로도 좋은 광고 효과를 낼 수 있어요. 그래서 기업에서는 높은 모델료를 지불해 연예인을 광고 모델로 내세우기도 하고 무료로 제품을 협찬해 광고를 하기도 해요.

치킨을 먹는 게 이익일까요 랍스터를 먹는 게 이익일까요?

치킨을 먹기 위해 랍스터를 포기했다면 포기한 것의 대가를 '기회비용'이라고 해요. 랍스터를 선택했다면 치킨이 기회비용이 되는 거예요. 기회비용은 사람마다 달라요. 합리적인 선택을 하기 위해서는 가장 적은 비용을 들여야 하듯, 기회비용이 작은 쪽을 선택하는 것이 올바른 선택이라고 할 수 있어요.

96 한국은행에는 저금을 못해요?

한국은행은 우리나라 중앙은행이에요. 중앙은행은 정부의 은행이자 은행의 은행이라고 할 수 있어요. 국민들이 은행에 세금을 내면 각 은행에서 세금을 한국은행으로 보내요. 그러면 한국은행은 정부에서 돈이 필요할 때 돈을 주고 때로는 빌려주기도 하지요. 또한 한국은행은 화폐를 발행하는 곳이자 경제 상황에 맞게 금리를 조절하는 곳이에요.

 # 눈에 보이지 않는 돈도 있나요?

　요즘은 현금보다는 신용 카드나 체크 카드를 사용해요. 신용 카드는 물건값을 바로 지불하는 것은 아니고 일정 기간이 지난 뒤에 지급하는 것이에요. 체크 카드는 이용 대금이 고객 계좌에서 바로 지급되지요. 또 교통 카드나 지역 화폐처럼 충전해서 상품을 구매하는 '전자 화폐'를 사용하기도 해요.

은행에서는 저금만 하는 게 아니에요?

- 어디 갔다 와?
- 해외여행 가려고 환전을 하고 왔어.
- 환전은 어디서 해? 각 나라 대사관에서 하나?
- 아니, 은행.
- 은행은 예금 업무도 보지만 환전도 하고 보험이나 펀드 등에 가입할 수도 있어.
- 은행에서는 여러 가지 일을 하는구나.

    은행은 저축을 할 수도 있지만 돈을 빌릴 수도 있어요. 또 다른 사람에게 돈을 보낼 수도 있고 세금을 수납하기도 해요. 우리나라 돈을 다른 나라 돈으로 바꾸는 환전도 할 수 있고, 보험이나 펀드에 가입하거나 신용 카드를 발급 받을 수도 있어요. 또 귀금속이나 귀중한 서류 등을 보관해 주기도 해요.

유럽은 왜 돈이 똑같아요?

　유럽 대륙은 나라에서 나라로 이동하기 쉽고 경제적으로도 아주 가까워요. 그런데 나라마다 다른 화폐를 사용하다 보니 환전을 하는 것이 아주 불편했어요. 그래서 유럽을 하나의 시장으로 만들기로 의논하고 2002년부터 똑같은 화폐인 '유로(€)'를 발행했어요. 경제적으로 하나가 되어 다른 지역과의 경쟁에서 유리하기 위해 화폐를 통일한 거예요.

왜 각 나라마다 햄버거값을 조사하나요?

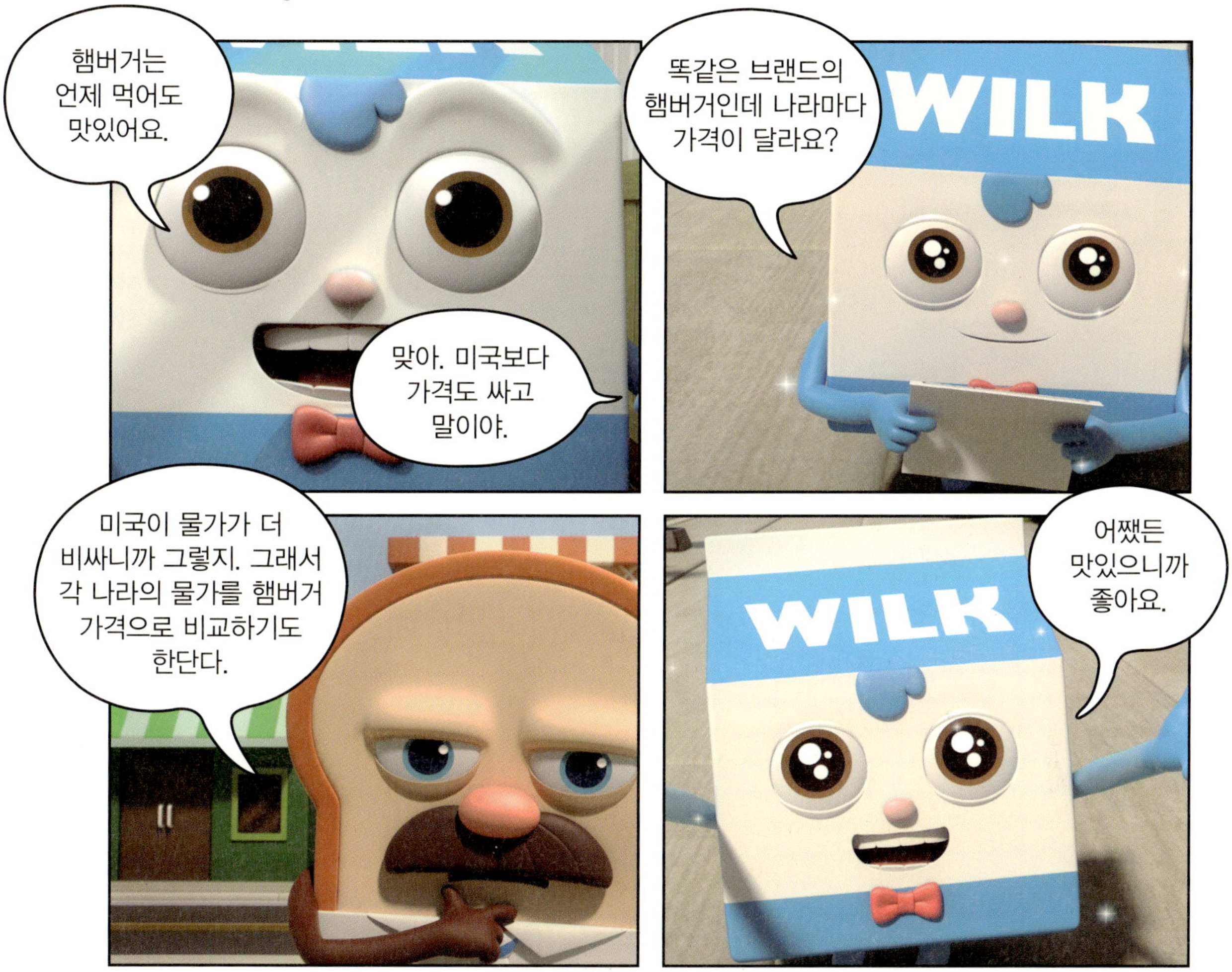

햄버거는 언제 먹어도 맛있어요.

맞아. 미국보다 가격도 싸고 말이야.

똑같은 브랜드의 햄버거인데 나라마다 가격이 달라요?

미국이 물가가 더 비싸니까 그렇지. 그래서 각 나라의 물가를 햄버거 가격으로 비교하기도 한단다.

어쨌든 맛있으니까 좋아요.

각 나라의 물가 수준을 알기 위해 같은 물건의 가격을 같은 통화로 바꿔서 비교해요. 그 기준이 되는 것이 맥도날드의 빅맥 햄버거예요. 맥도날드는 거의 전 세계에 있고 비슷한 재료와 방법으로 만들어요. 그래서 가격 차이가 크지 않은 빅맥 햄버거의 가격을 달러로 환산해 물가를 비교하는 거예요. 이것을 '빅맥 지수'라고 해요.

딸랑이들, 방하띠리 루~! 기다리고 기다리던

방울이TV의 두 번째 코믹북이 나왔어요!

어떤 사소하고 한심한 재능이라도 마음껏 펼칠 수 있는 딸랑예술학교!

특별 부록
다꾸 스티커
증정!

(주)학산문화사 발행

판형·148*210 | 올컬러 양장 | 값·13,000원
ⓒ방울이TV. All Rights Reserved.